SERBIAN CHIDLREN'S BOOK

COLORS AND SHAPES

FOR YOUR KIDS

AUTHOR
ROAN WHITE

ILLUSTRATIONS
FEDERICO BONIFACINI

Црвена

Плава

Жута

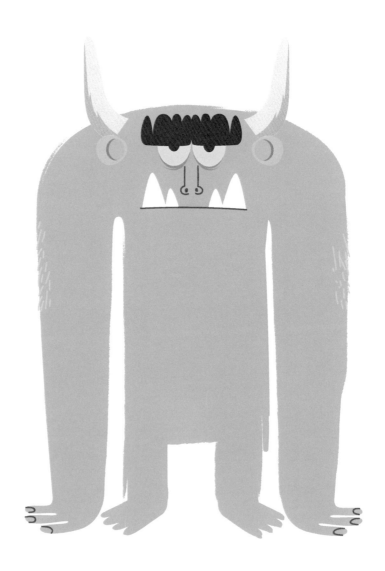

Зелена

Наранџаста

Љубичаста

Црна

Браон

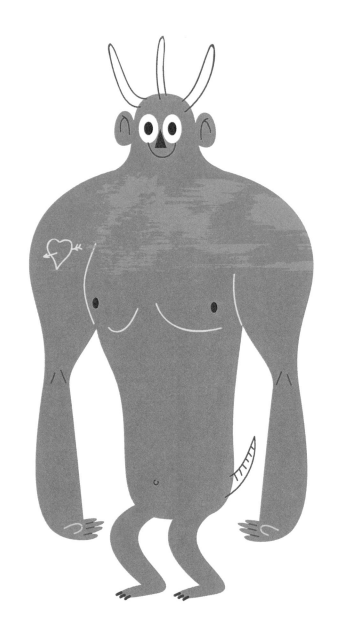

Розе

Сива

Троугао

Круг

Квадрат

Правоугаоник

Ромб

Паралелограм

Трапезоид

Дијамант

Пентагон

Хексагон

Октагон